무언(無言)의 연가(戀歌)

무언(無言)의 연가(戀歌)

여재학 시집

도서출판 천우

● 시인의 말

월간 『문학세계』를 통해 등단한 지도 벌써 10년이란 세월이 흘렀다.

흔히들 시집을 내는 것이 자식을 낳는 거라고 하는데 나는 10년이 되도록 자식을 못 낳았으니 부끄럽기도 하다.

10년이 되도록 작품집 하나 내지 못하는 사람이 무슨 시인이라고 할 수 있겠는가. 아닌 게 아니라 오래전부터 시집을 내려고 마음은 있었지만, 얼른 용기가 나지 않아 차일피일 미루고 회사가 바쁘다는 핑계로 미루고 하다가 이번에야 큰 용기를 내어 이렇게 출간을 하게 되었다.

내가 시를 좋아하게 된 것은 옛날 어렸을 때 라디오에서 5분 드라마 '김삿갓방랑기'라는 방송을 들으면 들을수록 흥미롭고 재미있게 나에게 다가왔다. 세상살이를 시적으로 표현한다는 게 들을수록 빠져드는 묘한 매력이 있었다.

산삼이란 씨앗도 새가 삼 씨를 산에다가 배설을 했다고 무조건 싹이 나는 게 아니라 주위에 모든 기후조건이 맞아야 싹을 틔우듯이 나도 옛날 '김삿갓방랑기'를 들었다손 치더라도 시를 쓰는 시기는 그때가 아니었고, 내가 SGI라는 종교에 입회를 해서 이케다 다이사쿠(池田大作) 선생님을 스승으로 정하고서 '김삿갓방랑기'에 매료되었던 그때의 시심이 싹을 틔운 것이 아닐까 생각한다.

그렇다 세상사 사는 게 다 시가 아니겠는가.
하나의 시(詩)이고
하나의 노래[歌]이고
하나의 그림[畵]이 아니겠는가.

스승께서도 항상 시심(詩心)에 살아가라고 시심을 잃지 말라고 말씀하셨다. 시심(詩心)에 살아라 라고 하는 것은 자기 내면의 마음을 가꾸는 일이라고 생각한다.

모든 사람들이 내면의 마음을 시(詩)를 통하여 아름답게 가꾸어 간다면 이 세상이 얼마나 아름답고 재미있겠는가. 나는 이렇게 생각한다. 우리의 후세들도 스승의 마음과 같이 시심 가득히 개인주의가 아닌 타인을 배려하고 가정과 지역 사회를 위하여 살아간다면 그 사회는 이미 아름다운 사회일 것이다.

내 마음과 가슴속 깊숙이 시심을 한가득 채워주신 이케다 다이사쿠(池田大作) 선생님의 은혜에 감사드리고 책 내는데 도움 주시고 용기 낼 수 있도록 물심양면으로 도움 주신 여러분들 그리고 첫 시집의 산고(産苦)를 주저 없이 선 듯 받아주신 (사)세계문인협회 김천우 이사장님을 비롯하여 모든 집필진들 특히 윤지훈 사무총장님께 그리고 우리 SGI 문학부 김용화 부장님을 비롯하여 모든 회원님들께 깊이 감사드립니다.

2019년 가을에
弘池 여재학 拜上

제 1 부

봄기운

제2부

너의 향기

제3부

삶

제4부

편지

제5부

그리움

제1부

봄기운

봄기운

살련다
살련다
나
살련다

어제까지 입었던 옷
벗어던지고 새 옷 갈아입고서
나 살련다
답답하니 하얀 솜이불 걷어치워라

내 몸에 새살 돋으니
힘 불끈 솟는구나
툭툭 털고 일어나
우리 모두 기지개를 켜보자

이 세상
온- 산천이 어서 일어나라고
나를 부른다

빈 껍질 하나

곱게 물든 이 가을은 핏빛으로 변했고
물든 노을 하늘 아래 익어가는 바람 소리
어둠이 내려놓은 잘 여문 씨 하나
겨울 향기 몰고 오는 은은한 실바람
혹시나 바다로 날아갈까 산으로 날아갈까
바람마저 곱게 살랑인다

산과 들은 서리로 새벽잠 깨우는데
씨 빠진 빈 껍질 하나 외롭다고 몸부림치면
그 몸부림에 가을 낙엽 따라서 운다

가는 세월 속에서 곱게 키워낸 저 꽃들은
가만히 흘러가는 긴 세월의 여정 속에서
씩씩하게 자라나 예쁜꽃 피우려고
오랜 세월 오고 가는 탄생의 길목에서
외로이 홀로 누워있네
메마른 대지에 희망을 안고서

새싹

그저께는 봄비가 촉촉이 내리더니
오늘은 의림지 뒷산
용두산 어귀에
파릇이 고개 내민 새싹 하나
춥다고 울며
떨고 있어
가랑잎 주섬주섬 모아
덮어주고 왔건만
그래도
마음 놓이지 않아
발길은 어느새 새싹 앞에서
가랑잎 긁어모으고 있구나

너를 불러내려고 봄비는
밤낮없이 퍼부었나 보다

무엇이 그리도 그리워서
누구를 그렇게나 보고파서
뭇사람들은 너를 잊은 지 오래건만
우리네 보고파서 고개 내밀고 세상 찾아
바람 따라 두리번거리는구나

사랑의 진실

그대 꽃을 진정으로 사랑한다면
꽃의 아름다움을 위해 물을 주세요
단지 꽃을 보기 위함이 아닌
한 송이 꽃으로 피어나기를 기원하면서

그대가 꽃을 사랑한다면
꽃이 원하는 곳에 그냥 두시면 안 될까요?
꽃을 사랑한다는 이유 하나만으로
가슴에 품으려고 함부로 꺾는다는 것은
꽃을 사랑한다는 것이 아니라
자기만족을 위한 질투라는 것을 알고 있나요?

꽃은 시들 수도 있는데 시듦을 원망하지 말고
그 꽃을 보면서 사랑했던 때와 행복했던 시간을
가슴에 고이 간직해야 할 것입니다

사랑은 나 자신의 것만이 아니므로
꽃을 나 혼자만 보기 위함이 아닌
이 세상 모두의 꽃으로 피어나기를 기다리고
온 정성으로 사랑할 수 있도록 지켜주세요

밤하늘

창밖의 밤하늘은 고요만 한데
정적이 깔린 검정 보석 무심하고
내리는 비 방울방울 어둠을 뚫고
어디론가 사라진다

그대들과 대화할라치면
어디론가 사라져
나만 홀로 외로이 너를 부른다
어둠 속의 검은 진주여
영원히 빛나라
밤하늘의 흑진주 되어

노을빛 추억

창밖의 어스름한 달빛은
나에게 이야기하네
잡초가 지치는 거 보았느냐고
나는 대답해줬지요
잡초도 더운 여름 한낮엔 시들해진다고

밤하늘에 반짝이는 수많은 안개꽃
그 속에 부끄러워 홀로 핀 물망초
나를 잊지 마세요

가는 길 외로워서 어떻게 갔을까나
이내 몸은 외로워서 어이 살라고
가는 길 그 길에는 눈물 흐르고
사랑했던 시간은 노을빛 추억으로

자연 속 내 사랑

삶은 언제나 괴로움과 즐거움이 상반되지만
존재하는 것은 항상 흘러가는 강물인 것을

바보처럼 몰아쳐 왔다가
어디로 사라져 가는지는 알 수 없지만
어딘가에 괴로움과 즐거움은 항상 있는 것

어디서 왔다가 어디로 가는지는 아무도 모르지만
그 모두가 우리네 인생사
어디 한번 모두 크게 웃어봅시다

오늘도 이렇게 산속 헤치며
다람쥐 토끼 노루 사슴
그리고 더덕 도라지 잔대 마

야~ 호~ 소리 메아리 되어 다시 돌아올 때
계곡에서 흐르는 물은 산울림에 같이 우니
여기가 바로 고향일세 산속의 고향

산 아이

산을 좋아하는
사람들의 마음은 거울
볼가에 피어나는
그 미소는 진달래 향기
국화꽃과 같은 웃음이 항상 그립습니다

온 산이 얼어붙은 한겨울에도
눈 내리는 하얀 밤에도
웃음꽃 피어나는 그 미소들
내 머릿속으로 가만히 들어오네요

인생은 늘 무상이라고 했던가
늘
그리고
항상
산을 좋아한다고
산 아이라고 불러주던 사람들 그립습니다

이런 사람

좋아하는 사람과 만나고 싶다
지금 이 순간에 그 느낌 그대로 깨끗하게
스치는 순간마다 살며시 웃음꽃 피우는
그래서 같이 말하고 싶은 사람

어디선가 우연히 가슴 설레며 바람처럼 다가와
씨 – 익 하고 단 한 번의 웃음으로
내 마음 포근히 녹여주고 가는 그 사람
한 번의 만남으로 진실의 마음 알 수 있다면
이미 우리는 하나 된 벗

느낌이 좋은 사람 앞에서는 고개 숙여진다
별로 꾸미지 않아도 그 사람은 아름다워 보인다
만날 것을 약속하지 않았건만
꼭 만날 것 같은 그 사람

잊지 못할 마음을 가진 너와 나
눈 감으면 보조개의 파인 모습으로 다가와
참 진실하였다고 서슴지 않고 말할 수 있는 사람들
이런 사람들은 마음이 참 고운 사람들

오는 봄

겨우내 덮고 있던 하얀 솜이불 속에서
꿈틀대는 작은 생명들

봄 오는 소리 들린다기에
하얀 솜이불 걷어버리고
파란 생명의 빛으로 잠에서 깨어난다

숲속에서 들려오는 작은 생명의 속삭임
시냇가에 버들강아지 손짓하니
봄은 봄인가 보다

잔설 털어낸 용두산과 피재고개
맑은 물 가득한 의림지에는
잠에서 깨어난 개구리들
너무 일찍 나와서 춥다고 울어 재낀다
개굴개굴

봄의 유혹

하늘엔 꽃구름 땅 위엔 봄
산에 들에 피는 꽃 날 유혹하고

논밭에 피는 꽃 봄 처녀 유혹하네

산에
들에
피는 꽃
저마다 향기 뿜으니
이 세상 모든 것이 꽃향기에 취했다

노루 토끼 사슴
봄의 유혹 속에서 허우적대다가
못내 아쉬움에 추억 하나 그린다

용두산

용두산 올라보면 보이는 것은
의림지와 제천시 전경
그 위에 내가 섰다

두 주먹 불끈 쥐고 내가 소리 지르면
제천 시내가 벌벌 떨 것 같은
착각에도 빠져본다

용의 머리 형상이라
용두산이라 했든가
용이 하늘로 승천해서
붙여진 이름인지는 알 수는 없지만

의림지 연못 속에는 무엇이 살까?

산 위에 홀로 앉아
의림지의 내력 생각해본다
옛 조상님들의 지혜와 슬기를

청풍호(淸風湖)

아 !
청풍호
푸르고 푸르러서
하늘색을 띠었구나

유람선에 이 몸 싣고
뱃길 따라 잘도 가는데
머리에서 입으로 전해져
절로 나오는 노랫소리

청풍호에 이내 몸 취하고 싶어라
취하고 싶은 이 마음을
청풍호 너는 알겠지

아!
청풍명월(淸風明月)이 그 언제의 얘기던가
옛 조상님들의 발자취가 그립기만 하구나

겨울 풍경화

그 누가 그림 그릴 도화지가 없다고 했던가
큰 산
넓은 들
높은 하늘이 도화지인 것을

산과 들 가로질러 강물 흐르고
들판엔 짚불 놓느라 야단들이다
산 위엔 눈발 날리고
새는 춥다고 나무 구멍 속에 들어앉아
사랑놀이 즐기는구나

하늘엔 구름 물감 뿌려 색칠하며 돌아다니고
바람 눈 구름 하나 되어 멋진 그림 잘도 그리는데
나 또한 산 위에서 눈 맞으며 모델 되어주니
멋진 작품 나왔다고 구름은 우르르 쾅–쾅– 바람은 휭–휭–
눈은 사각사각 잘도 내리고 산 짐승 즐거워 뛰는 걸 보니
한 폭의 그림 내 마음속에 홀로 앉았네

봄

봄
봄
봄이 오네요

쌓였던 눈은 얼어 버렸고
얼었던 얼음은 겁이 났나
봄이 온다는 말 한마디에 다 녹아 버리고
구석구석에 몇 놈만이
그늘 뒤에 숨어서 떨고 있네요

햇볕 앞세워오는 봄에
어쩔 수 없는지 눈물 머금고
봄에 양보하고 어디론가 사라지기를
하루
이틀
사흘
이제는 어디를 봐도 얼음은 보이지 않네요

논밭에도 들판에도 또 산 중턱 묘 등 위에도
아지랑이 아물아물 피어올라
두꺼운 옷 하나하나 벗겨서
옷장으로 들어가게 만드네요

날벼락

숨이 막히도록 더운데
갑자기 하늘이 놀랐는지
우-러-러- 쾅쾅 소리를 지르면서
소나기 한바탕 짜들고* 지나간다
이런 것이 맑은 하늘에 날벼락인가

갑자기 놀라게 해서 미안했던지
시원한 바람 불어서 구슬땀 닦아 주고
저-쪽 산 너머에
쌍무지개 그려놓고 기분 풀라고 하네

*짜들고 : 난리치다라는 뜻의 경상도 사투리.

천등산

무척이나 더운 하루
천등산은 시원도 하다
발길은 어느새 도토리묵집으로
도토리묵에 막걸리라
이 맛에 취하고
아낙의 손맛에 취하니
이곳이 바로 마음의 고향
어이하리 그 맘에
이맘은 잠들고 싶어라

봄비

만물을 소생시키기 위해서
봄비는 쉼 없이 내리고
고속도로 가는 길목 지켜 서서
봄소식 전해준다

조심스럽게
후 둑
후 둑
후드두둑

봄이 왔느냐고
맞장구치니 신났다
좍좍—

서울 가는 길
봄비 따라 고속도로 들어서니
앞서거니 뒤서거니 잘들 가는데
앞서가던 봄비
내 앞에서 반가워서 눈물 흘린다

빨랫줄 세월 말리고

빨랫줄에 널어 말린
빨래 하나 바람에 살랑이고
주인은 어디 가고
강아지 한 마리
빨래 지키고 있구나

빛바랜 세월을 빨랫줄이 말해주고
빨래 지키던 강아지 심심한지
닭들과 장난치며 노는구나

바람이 놀러 왔다 놀아주지 않는다고
남몰래 고요 깔아놓고 가버린
마당 한 귀퉁이에서
수탉 한 마리 홰치며 추억하나 그린다
꼬–끼–오–

그림자

지겹지도 않나 보다
온종일 내가 뛰면 같이 뛰고
앉으면 같이 앉고
나 따라서 꽃구경 간다

서울로 인천으로 대구로
여수로 다시 제자리

육신은 나보다 훨씬 건강한가 보다
난 피곤하고 팔다리도 욱신거리는데
불평 한마디 없다

내가 오래 살아야
자기도 오래 산다는 것을 아나보다
내가 다칠까 봐
항상 땅바닥에서 양옆에서
앞에서 뒤에서
넘어지면 받쳐줄 준비를 하고
따라다니니 말이다

제2부

너의 향기

아쉬움

나 항상 네 곁에 서 있을게
너 쳐다보지 않을 것을 잘 알고 있지만
그래도 곁에서 네 옆모습이라도 보고 있을게
가끔 외로워지면
추억이라는 작고 소중한 책자를 꺼내서 보며
웃는 네 모습 그리며 외로움을 달랠 수 있겠지

너보다 더 좋은 사람이
내 곁을 지나갈 수도 있다는 것을 잘 알고 있어
시간이 흐르면 잊힌다는 것도 잘 알고 있지만
지금은 널 지켜주고 싶어 너의 흔적을 지워줄 수 있는
그런 사람이 나타날 때까지만이라도

아주 짧은 시간이 될지 기나긴 시간이 될지
아니면 아주 안 생길지 모르겠지만
내 맘속에 드리워진 네 그림자가 너무나 크게 자리 잡았어
그리고 네 앞에서 바보가 되는 이 마음을 조금만 이해 바래
널 지울 수 있는 그때까지만이라도
널 지울 수 없겠지만 지울 수 있도록 노력할 게
가슴이 쓰리고 아파져 와도….

너의 향기

너를 사랑하고 싶어
비가 오면 촉촉이 젖는 비의 사랑
낙엽 물들면 가을빛 사랑으로 껴안아 주고파

사랑한다는 말은 안 해도 사랑한 너에게
좋아한다는 말은 없었어도 좋아한 너에게

그리움에 지친 나에게 너의 전화 한 통은
더욱 큰 너의 향기로 나는 황홀감에 빠졌고

나는 너에게 진실을 말하려 했는데
그 기회는 주어지지 않고
용기 없어 그냥 속으로 되뇌이고 말았지
사랑한다고 말이야

그냥 그렇게
행복으로 당기는 힘의 존재를 믿고
오늘 이 시간도 그리움으로 살아가는
무한한 예지의 명상 속으로

가을 뜨락에 서서

가을밤에 바람 불어서 낙엽 하나 떨어지면
그대를 향한
내 편지라 여겨주세요

그대 있는 곳에서 높은 하늘 보이면
그대를 향한
내 사랑하는 마음이라 여겨주세요

그대 정원에 곱게 단풍 물들면
그대를 향한
내 사랑 곱게 물들었다 여겨주세요

따가운 햇살 그대 가슴에 잔잔히 스며들면
그대를 향한
내 기다림이라 여겨주세요

가을밤 은은한 달빛 아래서 벌레 우는 소리 들리면
그대를 향한
내 연주곡이라 여겨주세요

사랑의 시작

그리움은 외로움의 시작이라고 하던데
그것이 정말인가 봅니다

그립다는 건 다가가는 것이 아니라
한 발짝 뒤로 물러서야 한다던데
그것이 정말로 그런가 봐요

좋아하는 사람 있다면
그것을 말로써 하지 않고
감싸주는 것이라는데
그 말이 맞는 말인가 봐요

좋아한다고 말 못 하는 것은
내 마음을 알기 바라는 것이 아니라
그저 조금이나마 짐이 가벼워지라고
그랬던 것인데
그대는 아시나요?

내 눈물 흐를 때
아픈 마음 전하려고 한 것이 아니라
뜨거운 가슴 삭이기 위해서랍니다

사랑의 미련

그 사람 날 좋아하는 것 같지만
난
그 옆에 가면
말 못 하는 바보가 되고
그런 나에게 그는 애써 태연한 척하고
힘겹게 시작한 거라는 걸 알면서도
그저 그런 것을 전혀 모르는 사람같이
무심한 듯이 바라보는 것은 왜일까?

몇 번이고 무너지는 마음을 달래며
되돌아올 수밖에 없는
나 자신이
너무나 안쓰럽고 초라해 그만두려 했지만
어느새 가슴속 진줏빛 사랑

이번만큼은 사랑하지 않으리라고
또다시 사랑하면 아플 거라고
그렇게 다짐했는데도
그 사람의 향기가 좋았을 뿐이고
그 사람의 눈빛이 고왔을 뿐인데
정이라는 이유 하나만으로

사랑 고백 편지

내 생애 가장 보고픈 사람
이 세상에 존재하지도 않는 사람
바로 어제 꿈에서 다녀간 당신

오늘은 옛 생각에
편지 한 장 고이 접어
봉투에 넣고
당신에게 부치려니
주소를 몰라 보낼 수 없어

이 편지 어젯밤에
내 사랑 가득 담아 쓴 편진데
오늘 밤 다시 찾아와
주소 가르쳐 주고 가세요
내일 아침 출근길에 보내드릴게요

당신

사랑하면서 미워하고
미움의 마음이 있으면서도
사랑할 수밖에 없는 당신

친구와 술 한 잔 마시고 온다는 말에
이내 삐쳐서 잘 갔다 오라는
그 흔한 말 한마디 않고
이불 속으로 들어가 버리는 당신
그래도 미워할 수 없는 당신

조각난 사랑을 주워 모아
바늘로 기워서 손수건 만들어
날 감동하게 해주던 날
많은 눈물을 흘려서 눈이 부었습니다

침묵의 그늘에서 조심조심 아픔 덮어주던
당신의 사랑이 오늘따라 유난히
내 마음을 휘- 저어놓았습니다

당신과 나

당신이 나에게 슬프냐고 물으면
또 뭔 사연으로 우느냐고 물으면
내가 어떻게 대답을 해야 하나요

당신이 내게 다가와 마음 아프냐고 물으면
또 왜 무엇 때문에 눈물 보이느냐고 물으면
내가 어떻게 해야 당신 속이 후련할까요

당신은 말 한마디 하지 않으면서
늘- 그렇게 나에게 말하기만을 강요하면서
살아온 당신 나도 이제는
당신이 점점 멀리만 느껴지는데 어이할까요

당신과 나는 항상 서로에게 무엇을 해주기만을
바라면서 살아온 지난 나날들
나도 몰랐어요 당신이 왜 멀어져만 가는지를
내가 왜 그렇게 느끼는지를

이제는 돌아와 내 곁에서 서 있는 당신
내게 무엇을 바라나요

내 맘

듣고 싶다
너의 노랫소리를
듣고 싶다
너의 다정한 음성

보고 싶다
너의 아름다운 모습
보고 싶다
너의 웃음 띤 얼굴

느끼고 싶다
너의 깊은 정
느끼고 싶다
너의 애정 가득한 가슴

곱게 풍겨 오는 너의 가슴속 향기에 취하고 싶어라
너의 미소 띤 모습을 옆에서 보고 있을 때
무한정 빠져드는 내 마음
주체할 수 없이 비틀거릴 때 난 이미 너의 것이었다

물망초

아!
그리움에 지친 오늘 밤
사무치며 다가오는 그리움
아프도록 다가오는 이 달콤함은
또 무엇이란 말인가?

그리움이
어느새 다시금 기쁨의 아픔으로
고개 숙일 때
이미
내 가슴속에 물망초 되어
피어난 너

이별

그 사람 찾아와
나 어디 갔느냐고 묻거들랑
저-
멀리 떠났다 전해주오

그 사람 찾아와
나 아무 말 없었냐고 묻거들랑
그냥
고개만 좌우로 흔들어 주오

그 사람 찾아와
두 눈에 이슬 맺히거들랑
나
또한 그렇게 떠났다 전해주오

그(창제) 소리

낭랑하게 들리는 소리에
이끌려서 발길 멈추고
가만히 들어보면 천사의 소리

내 귓전에 들리는 이 소리는
귀에 익은 소리
가만히 들어보면 맑고 맑은 샘물 소리

차 한 잔 마시며 듣는 그 소리
귀 기울이게 하는 소리
가만히 들어보면 꾀꼬리의 노랫소리

내 맘 이끌려 그리로 간다
그 소리 들으러 간다
내 평생 그 소리 들었으면 얼마나 좋을까

사랑꽃

한 송이의 어여쁜 꽃
날 유혹하고
어여쁜 꽃 아파서 울어 버릴까 봐
차마 꺾지 못하고
망설이다 망설이다가 그냥 왔지요

그 꽃 너무나 눈부시고 아름다워
가까이서 바라만 보다가
꽃 보며 가슴 뛰기는 처음이라
차마 꺾지 못하고 그냥 왔지요

나는 그 앞에서 몇 번이나 말을 했지요
나는 너를 사랑하나 봐 라고
그 꽃 웃는 모습이 어찌나 곱던지
나는 그 꽃 사랑할래요
그래서 사랑꽃이라고 이름도 지어 줬어요

꽃잎 사랑

물오른 가지가지는
어여쁜 꽃 피우고
일곱 빛깔 무지개
꽃잎에다 물들이니
어이하여 그렇게나
아름다운가

꽃잎에 이는 향기
님의 마음 아니던가
가슴속 이는 사랑
꽃보다 아름다워라

꽃들의 봄 잔치

잔디밭에 냉이꽃 비집고 앉아
삘릴리 버들피리 소리에
봄날은 저절로 신이 났다

산도 들도 덩달아 꽃 피우고
벌 나비에게 초청장 보내놓고
연지 찍고 분 바르고 예쁘게 보여 시집가려나
벌여놓은 봄 잔치 손님 맞을 준비에 한창이다

예쁘게 꾸민 꽃들은 벌 나비 날아와
짝을 지어 주기를 기다린 지
하루 이틀 사흘

후세를 위해 짝을 지었으니 넉넉해진 마음에
가지마다 솔솔 부는 바람에 춤을 추는
벌 나비 떼

졸졸 시냇물 흐르는 음악 소리에
산새들은 춤추며 노래 부르고
봄꽃들과 사랑놀이 즐긴다

꽃보다 아름다운 사람들

산을 좋아하는 그 사람들의 마음은 맑은 거울이랍니다
볼우물에 피어나는 그 향기는 봄에 피는 진달래 향기
계곡에서 피어나는 물소리 같은 시원한 미소

노랑과 빨강 하얀 꽃으로 피어나는
국화꽃 같은 그대들의 미소 항상 그립습니다

온 세상이 얼어붙는 한겨울에도
눈 내리는 하얀 밤에도
새하얀 미소와 늘 함께하면서
산을 좋아하는 그 사람들이
언제부턴가 모르게
내 머릿속에 가만히 내려앉아
자리 잡고 있답니다

인생은 무상(無想)이라고 했던가
늘 항상 산을 좋아한다고
산 아이라고 불러주던 사람들
그 사람들은 정녕코
꽃보다 아름다운 사람들이었습니다

추억의 기찻길

아지랑이는 아롱아롱 피어오르고
침목에서 풍기는 이상야릇한 냄새는 코를 자극한다
기찻길의 추억은 굽이굽이마다 따라가는 철길에
고이고이 내려앉는다

철길 따라 학교 다닐 때의 추억은
평생 잊을 수 없는 추억
새삼스레
내 머리를 휘저어 놓고
어디론가 가버렸다

철길 위에 대못 갈아 칼 만들어
과일 깎아 먹던 시절
하릴없이 학교 앞에서 과수원 앞까지
침목 몇 개나 깔렸는지 내기하던 시절
지나가는 기차 길이가 얼마나 긴지 내기하던 시절
기찻길 옆에 있는
원두막에서 참외 서리 수박 서리하던 시절
모두가 그립습니다

철길 따라 떠나간 내 첫사랑의 추억도….

꽃잎

바람이 가져다준 비
나에겐 삶의 활력소

많은 사람이 예쁘게 봐준 것은
나에겐 삶의 전부

나를 기쁘게 받아준 당신
나에겐 삶의 영광

한낮 구름이 햇볕 가려준 것은
나에겐 삶의 고마움

싸늘한 아침 따뜻한 햇볕 내리쬐준 것은
나에겐 삶의 행복

촉촉이 내려준 새벽이슬에
세수 못 하고 또르르 왕방울 되어
땅에 떨어지면 꽃잎은 아쉬워 파르르 떤다

사월의 연가(戀歌)

당신은 아시겠지요
사월이 오면 내 맘이 왜 따뜻해지는가를
당신은 아시겠지요
사월이 오면 왜 꽃을 피우는지를
당신은 아시겠지요
사월이 오면 내 맘이 왜 달콤한지를

당신은 아시겠지요
사월이 오면 왜 아지랑이 아물아물 피어오르는지를
당신은 아시겠지요
사월이 오면 내 맘이 왜 하늘 높이 나는지를
당신은 아시겠지요
사월이 오면 맘이 왜 들떠는지를
당신은 아시겠지요
사월이 오면 왜 땀 흘리며 뛰는지를

이제는 소용없어요
대답하지 마세요
당신이 내 옆에 있어 주는 자체가
내겐 대답이니까요!

아버지 산소 앞에서

아버지! 불러도 대답도 하지 않더니만
그렇게 허무하게 산 위에 구름 가듯
나를 뒤로 한 채 가셨나요

아버지를 떠나보낸 사람들은
누구나 아쉬움은 남겠지만
내 아버지는 펼쳐보지도 못한 꿈을
가슴에 단단한 한(恨) 안고서 가셨습니다

가시는 길 험한데 무거운 짐 어떻게 지고 가셨을까
내게 가져와라 하시고 그냥 가셔도 될 것을
굳이 가지고 가시는 까닭은 무엇이란 말입니까

같이 있을 때는 가신다는 내색도 하지 않으시다가
뭐가 그리 급하셔서 말 한마디 없이 떠나셨나요

일찍 가신 아버지가 야속하고 원망스러워
아버지를 한없이 원망했던 나
하늘나라 가신지 17년 남몰래 흐르는 눈물
이 불효자는 이제야 철이 들려나 봅니다

제3부

삶

청계천

거기는 신천지이고 만물상이고 인산인해고
살기 위해 뛰는 곳이고 서민들의 삶이 있는 곳이고
평화로운 곳이었다

거기에는 물건들이 천차만별이고 보물들이고 골동품이고
소리도 내고 싸기도 하고 비싸기도 하지만 날 유혹한다

거기는 내가 찾는 것은 무엇이든 있다
살기 위한 투쟁도 있다 한가로운 나들이객들도 있다
그래서 거기는 배움터이기도 하고 나눔의 정도 있다
불빛도 찬란하고 나 태어나 처음 보는 것도 있다

이제 마감하고 집으로 가는 이도 있다
이제 시작하는 이도 있다
힘들다고 투정하는 이도 있다
이제 뭐가 좀 된다고 말하는 이도 있다
좀 깎아 달라고 조르는 이도 있다
인제 와서 무엇을 하냐고 억울해하는 사람도 있다
이제 볼 거 다 보고 살 거 다 샀으니 집으로 가야 할 때다
전철을 타고 집으로 가자

상념의 밤

가슴 시려 잠 못 드는 밤
달빛 바라보며
허기처럼 느껴지는 그리움
칡넝쿨처럼 엉킨 가슴에
밤마다 찾아오는
그리움 가슴에 안고
이루지 못한 꿈을 찾아
억세게 퍼덕이는 웅지의 새

강물은 쉼 없이 흘러
크나큰 바다를 이루고
나의 소원은 깊이를 더해 가는데
오늘따라 유난히도 반짝이는 별빛

이 눈동자는 오늘 밤도
별 헤면서 은하수 한 바퀴 돌았건만
오늘따라 유난히도
잠은 오지 않고 생각만 깊어가는구나!

더불어 사랑

사랑이란
어찌 둘만의
사랑이겠습니까

세월이 시월 들판을
황금빛으로 물들이듯
우리가 사는 마을에 사람들과
더불어 부딪치면서
그냥 그렇게 살면 될 것을

너에게

지금쯤 전화 한 통 받았으면 좋겠다
그리워지는 너한테서
나! 무척 좋아할 건데
사랑한다는 말은 못 한다 하더라도
잊지 않을게라는 말이라도 해주면
내 마음은 하늘을 날아오를 건데

지금쯤 편지라도 한 통 받았으면 좋겠다
편지라는 것은
전혀 하지 않을 것 같은 너에게서
세상 사는 이야기 담은 그런 편지

내 생각 조금이라도 해주면 좋을 것 같은데
나의 좋은 점과 멋있는 모습만 그리면서
가만히 내 이름을 불러줄 수 있는 너였기에

맑은 봄 햇살이 들판에 쏟아지는 날에
내 고향 들녘을 지나면 좋겠다
모든 곡식 알알이 돋아날 때
내 가슴에는
네 마음이 싹트고 있다고 말할 수 있게

내 마음의 꽃

내 마음 갈 곳 잃어
오늘도 헤맨다

내 마음의 꽃이여
피우지 못하고 지는 꽃은
언제나 피우려나

잡초

잡초는 항상 길가의 야생식물로
자라고 또 자란다
지나가는 사람들 삭막할까 봐서
예쁜 꽃 피워주는데
사람들은 뽑아 버리려고 애를 쓰고
밟아 뭉개고 낫으로 자르는 자도 있는데
그래도 아무 불평 없이 또 자란다
거기에 지지 않겠다고 다짐하면서

낫으로 자른다고 짓밟는다고
소멸하는 잡초를 보았는가

추운 겨울에도 무더운 여름 한낮에도
잡초는 의연하게 자란다
자기만의 향기를 내뿜으면서
지나가는 사람이나 짐승들에게
이리 차이고 저리 차여도
항상 자기가 있어야 할 자리에 있다

누가 와서 잘라버려도
사람들이 짓밟아버려도
인내라는 두 글자 가슴에 새기고

생명이라는 것이
무엇인가를 보여주는 잡초들

동지섣달 긴긴밤 추운 날에도
초복 중복 말복 더운 날에도
불평 하나 하지 않고 자기만의 신념으로
내가 있어야 할 자리에 뿌리내리고
담장 밖의 잡초라 해도
아름다운 꽃 피워
후손들을 위해 씨를 날리며
잡초만의 색깔과 향기를 지녔다

비 오는 밤에도 햇볕 비치는 한낮에도
봐주는 이 없어도 살고 또 사는 잡초들
그들만의 그 모습 그대로 아름다웠다

가야 할 길이라면

가는 길 험하고 힘들어도
이제는 가야 한다
내가 갈 길이라면 놓치지 말아야 한다

내가 가야 할 길
이제는 알았는데 그 길은
너무나 험하고 힘든 길이라는 걸 알면서도
정도(正道)의 길이기에

그 길이
내가 가야 할 길이라면
무엇이든 타고 넘을 수밖에
그 힘 기르기 위함은 오직 광선유포뿐

내 가야 할 길 안 이상
타성에 빠지지 않으려고
선생님의 지도를 심간(心肝)에 새겨 본다

내 생애 영원히 불성(佛性) 일으켜
평생 무너지지 않는 행복 지키며
평화 낙토 건설이라는 단어 가슴에 품고

나 자신에게서 승리(勝利) 하는 그날이 올 때까지
살고 또 살아 승리의 노래 부르리

나아가는 길
힘차고 박력 있다면
그곳에는 지나온 세월만큼이나
아픈 시련과 단련 있었다고
자신 있게 이야기하자

이제 와서 생각하니
기억 속의 과거는 웃음만 나네
고뇌에 허덕이는 웅지의 새
힘차게 날 수 있는 그날이 올 때까지
광선유포라는 단어 가슴에 새기고
오늘도 힘차게 나아가련다

삶

모든 것이 정지된 것만 같은 지금
나의 삶 찾아보고자
오늘도 머릿속은
기 - 인 터널 속을 달린다
지금쯤 끝 지점이 보일 때도 되었건만
웬일인지 앞은 더욱더 보이지 않는다

과연 진실한 삶은 무엇인가
남들이 보기에는 항상 목석같아도
마음속은 수없이 변한 현실에
과연 진실은 무엇이고 허실은 무엇인가를
생각하면 입가엔 쓴웃음뿐

자기가 무슨 영웅이나 된 것처럼
입으로만 세상을 살아가려고 하는 사람들
남에겐 절대로 지지 않으려고 애쓰는 사람들
그걸 이겨 보겠다고 악을 박박 쓰는 사람들
지나간 이야기 들어보면 모두가 영웅이다
그것은 모두가 물거품인 것도 모르고

이제는 모두 자기 본연의 자세로 돌아가
절대로 후회하지 않는 삶 살아가기를 기원해 본다

고투(苦鬪)

젊음이 있는 곳엔 의기 드높고
많은 사람이 지켜보는 젊음 있기에
자신에게 지지 않기 위하여 오늘도 또 내일도
희망의 다리 놓으며
누가 지켜봐 주지 않아도
나만의 신념을 가지고서
유유히 앞으로 나간다

어제 오늘 그리고 또 내일도
인생에 단 한 번밖에 없는
황금 시기를 놓치고 싶지 않기 때문에
지금 나는 자신과 싸운다

처절하게 패하든 멋지게 승리하든
나는 싸울 수밖에 없다
물론 승리라는 확신 속에서
왜냐하면 그것은 진실은 항상 이겼으니까

겉보기에는 항상 목석같으나
머릿속은 항상 변하고 있다
내 인생의 각본을 어떻게 쓸까 하고

무언(無言)의 연가(戀歌)

달리다 지쳐서 올려다본 하늘
어제는 먹구름으로 햇빛 가리고
오늘은 왠지 맑은 하늘로 기분마저 상쾌하다
살면서 자꾸 뒤돌아보게 되는 어설픈 이유는
미련으로 맺지 못한 그리움 때문 인가
나 자신을 문득 되돌아본 가슴속에
맺힌 한 방울의 아픔은 무엇이던가

나의 가슴속에 비는 내리고 다시 깨어난 아침에
찬연히 비치는 햇살처럼 그렇게 다시 또 살아지는 나날들
세상에 단 하나밖에 없는 그대를 사랑해도 된다면
내게 남은 사랑 듬뿍 드리고 유유히 그 길 가고 싶습니다

맑은 날에 드리는 내 땀과 무언(無言)의 메시지
그것으로 남은 시간 열매가 되는 삶 속에서
진실한 눈빛이 되고 싶습니다

꿈이어도 좋으니 장미꽃 한 아름 그대에게 드리고 싶습니다
맑은 날로 인해 다시금 용기가 되어 지는 날
한 줄기 햇살 같은 행복의 꽃으로 사랑해도 된다면
이 생명 다할 때까지 그대를 사랑하렵니다

홍시

떨어지지 않으려다
그만 말라버린 홍시
이제는 새들의 밥이 되었구나

사랑하는 임과
약속이라도 했단 말인가
서리 맞은 잎들은 다 떨어졌는데
무슨 미련이 남아서
마른 가지 부여잡고
홀로 남아있는가

뽀얗고 불그스레하던 피부는
간곳없고
누구를 기다리는가
피부는 쭈글쭈글
피부색마저 까맣게 변하고
기다리는 임 오지 않아
까치밥이 되는구나

어이하리
세상사가 다 그런 것을

내 고향 빈집

자주 가는 집은 아니지만
어쩌다 한번 가는 날 집 주위를 돌아본다
내가 태어나서 자라고 사대가(四大家) 같이 살던 곳
집은 빈집인데 옛 정취는 그대로이고
집 주위는 잡초만이 무성하구나

앞마당은 잡초들로 채워지고
뒤안길은 가시덤불 가득 차
집 떠나올 때 심어 논 대추나무 자두나무는
가시덤불 등쌀에 목숨을 다하였구나

어이하리 내가 살던 집
딱지치기 구슬치기에
해가는 줄 모르고 놀다가
혼쭐나서 눈물짓던 곳
내 발길 멈추고 편안히 쉴 수 있는 곳
내 마지막 발길 머무는 곳

언젠가는 돌아와서 지켜야 할 내 고향 빈집은
속마음 아파 울고 있구나!

장날

이른 아침부터 요란하다
하나라도 더 팔겠다고
꼭두새벽부터 전을 쫙– 편다

역전 들어가는 왼쪽
쭉– 뻗은 신작로 양쪽에는
첫머리에 화초부터 시작해서
안으로 들어갈수록 이름도 모르는 희귀한 약초는
태어나서 처음 보는 약초도 있는가 하면
온갖 생선들이 다 모인 신작로 한쪽에는
물씬 풍기는 비린내가 코를 찌른다

가지각색의 과일들은 서로들
자기가 예쁘고 잘났다고
콧대를 높이는데 그 콧대 하늘에 닿겠다

신작로 삼거리 중앙에는 경품 추첨함이
물건 사는 이들의 왁자지껄 웃음소리 들으면서
추첨권을 받아서 고이고이 간직하면
오늘은 누구의 운수가 좋을까 하는 생각에
궁금증은 더해간다

오랜만에 만난 친구들은
앉은뱅이 의자에 마주 앉아 주거니 받거니
한참을 떠들어대다가
축- 늘어진 열무 한 단 통통한 무 몇 개
소금에 절여놓은 조기 한 손
검은 비닐봉지에 담아 시내버스에 몸을 싣는다

닷새마다 만나는 시장 상인들은
오늘은 장사가 잘 되겠다느니
이렇게 장사가 안되면 입에 풀칠하기 바쁘겠다느니
하소연에 시간 가는 줄 모르고
벌써 반나절이 지났다

오후 들어 사람들은 어디서 쏟아져 나왔는지
인산인해를 이루고 장사꾼들은 신나서
목청을 돋우며 더욱 큰 소리를 지른다
자기네 물건이 더 싸고 좋다고

장돌뱅이 엿장수는
가위질로 박자 맞추면서 자지러진다
얼~~~씨고~씨고 들어간다~~아~

절~~~씨고~씨고 들어간다~~아~
작년에 왔던~각설이~ 죽~지도 않고~ 또~~왔네~~~
목청은 일류 가수들보다 더 낫다

그놈

술잔에 아롱 그리는 몇 놈의 얼굴
생생한 옛 그림자
그 속에서 바보짓 하던 나
이제는 가만히 막걸릿잔에서 떠나려는 순간
뒤통수를 내리치는 놈 그놈과 만남

아— 어찌 된 일인가
전생에 약속이라도 했단 말인가
차—암 세상 좁구나!
여기서 만날 줄을 누가 알았으랴
악수하며 서로 응시한다
눈가에 실금 낸 이유는 무엇이더란 말인가
잔인한 세월을 인내한 훈장인가
생존경쟁에서 패배한 상처인가
아니겠지 가난이 가져온 서러움의 표시겠지

주고받는 술잔에 비치는 허무한 마음은
살아온 날들의 보상을 바라는가
놈의 눈가엔 이슬 맺히고
흔들리는 나의 술잔은 옛정 그린다

추억의 사진첩

시간이 허락한 날 한 장 한 장 넘기며
옛 추억에 빠져서 헤어나질 못한다

머릿속에 저장해 두었던 압축 파일을
하나하나 풀어보니 우습기도 하다
눈가엔 웃음이 살짝 피어나고
그러다 쑥스러움에
빛바랜 사진첩을 덮어 버리고
보지 말자면서도 또 손이 간다

한 장씩 한 장씩 넘길 때마다
파일은 알아서 화면에 창을 띄워 준다
그럴 때면 입술은 삐죽거리기도 하고
이내 미소를 머금고
황홀감에 빠지는 반복을 몇 번이나 했을까
이제는 마지막 장이다
내 머릿속 파일에는
항상 후회할 일만 저장이 되는가 보다
머릿속 파일을 바꿀 수 있다면….

상념의 밤 1

이따금 불어주는
긴–
겨울밤의 바람 소리
음률의 고요함
함께 할 수 있는 나만의 시간

울적한 마음
음률 따라
먼–
하늘의 별만큼이나
하고많은 사연들이
하나하나 분열되어 사라진 밤에

영롱한 눈빛
까만 눈동자
진리만을 먹고
흰 눈 위에 뛰노는 한 마리의 사슴
자그마한 희망의 열매 맺고자
무던히도 애썼던 나
올겨울은 그렇게 흘러갔다

어머니

나를 사랑하는 당신이었기에
혹시나 배고파서 울지나 않을까
울다가 지쳐 마루에서 떨어지지나 않았을까
혼자 두고 나온 자식 걱정에
들녘에서 밭매다가
집 쪽으로 고개 돌려봐도
보이지 않건만
그냥 그렇게 한참을 쳐다보다가
시어머니의 말 한마디에
돌아앉아 밭을 매건만
호밋자루 보이지 않고
빈손만이 가슴 긁어내리는구나

상념의 밤 2

모든 것이 정지된 것만 같은 지금의 생활에서
나의 진실된 삶을 찾고 싶다
겉보기에는 항상 목석같으나 내부에서는 수없이 변하는 영혼을
현실에 직시하고 머-언 미래를 바라보며 산다

진실과 허실은 무엇이던가 젊을 땐 누구나 호기롭게 산 것을
진실과 허실을 오가며 자기가 무슨 영웅호걸이나 되는 것처럼
말로서 세상을 살아가는 사람들
지나온 과거(過去)를 돌이켜 볼 때 절대로 후회하지 않는
빛나는 결정체(結晶體)를 만들고 싶어 하는 사람들

다람쥐 쳇바퀴 돌듯 항상 같은 생활에 지친 사람들
하고자 하는 이상의 나래를 펼치지 못하고
질서와 복종으로 자기 생활의 자유를 찾아보지 못한 채
길고도 짧은 인생의 길을 걸어가면서
지금껏 나는 무엇을 잃고 무엇을 얻었는가

이제는 조용히 본연으로 돌아가 인생에 단 한 번밖에 없는
황금 같은 시기를 나는 이렇게 보냈다고
자신 있게 말할 수 있는 인간이 되고 싶다

상념의 밤 3

한없이 지쳐있을 때 가슴으로 흐르는 눈물 본 적이 있나요
때때로 슬프게 다가오는 무게로 인하여 내 가슴 답답할 때
터지도록 시린 가슴 부여안고 달려가서
마음 터놓을 수 있는 사람이 있다는 게 얼마나 좋습니까
눈물 속에는 누구나 말 못 할 사정 따르겠지만
가슴으로 울기에 보이지 않는 눈물은 큰 강이 되고

문득 스치고 지나가는 머–언 회상 속에서
영화관의 영사기에 감겨서 돌아가는 필름처럼

지금은 고단하고 지옥 같은 인생길
한없이 지쳐 쓰러질 때
서로 마음 기댈 수 있는 이 있어 좋고
혼자 감당하기엔 그 슬픔 너무 클 때
손잡아주고 부르면 다가올 수 있는 그곳에 있는 사람들

한없이 보고 싶은 그리움으로
눈물방울 맺히도록 바라보고픈 사람들
끝없는 사랑으로 감싸 안을 수 있는 사람들 있기에
남모르게 눈물이 흐르나 보다

잡초 1

봄비 지나가며
잡초들에게 귓속말로 속삭인다
빨리 나오라고
그 말 한마디에
잡초들 뾰족이 고개 내민다

봄비 땅 적시고 지나가면
산에 들에 길가에
물수제비뜨던 강가에도

누가 먼저랄 것도 없이
삼라만상
자기 개성적 모양 안고
고개 들고 두리번거리며
땅 박차고 키재기에 여념이 없다

누구의 꽃이 더 예쁜지
누구의 잎이 더 큰지
내기하느라 야단법석 요란스럽기도 하다

제4부

편지

이 가을에

올가을은 나에게 유난히도 쓸쓸한 계절
아무 말 없어도 항상 짙은 고독은
나를 더욱더 가슴 아프게 한다
꽃들이 갈바람에 흔들거림에도
애처로워서 가슴 시리고
저녁노을 물들면 밀려드는 바람 소리에
왜 이다지도 떨림으로 가슴 아픈가

갈바람 가슴 아프게 울어대는 밤
갈대숲 휘어져라 몸부림치는 소리
나의 외로움
갈대숲은 아는지

가슴 아린 추억은 임 그리는 맘
텅 빈 나의 가슴은 사무치는 그리움으로
삶의 그림자 되어 쌓이고
벌레 우는소리는
울부짖는 소리 되어 귓가에 들리는데
나!
언제까지 가슴 아파야 하는 건가!

만나야 할 사람들

세월이 흘러가도 만나야 할 사람들
뜨거운 가슴속을 조그마한 미소로 덮어주고 간
싱그러움이 풍기는 그때 그 사람들
파란 하늘의 뭉게구름은
그리운 얼굴들 그려놓고 나에게 보라고 합니다

가슴속에 간직한 아름다운 그 얼굴 얼굴들
세월은 흘렀어도 잊지 못하고
흰 안개 피어나는 산 계곡 언덕에 쉴 곳 없어도
우리는 만나야 할 사람들
따가운 햇볕 내리쬐는 언덕, 계곡 사이로
구수한 산새들 노랫소리 들려올 때
계곡에 발 담그고 여기저기 모여앉아
고이고이 간직한 추억의 말 한마디
세월이 흐르고 인생이 흘러도
서로 마음에 각인한 약속들 있기에….

정 그리워

그대 내가 떠난다고 슬퍼 마세요
세월이 흐르고 꽃 피고 열매 맺는 날
그 열매 따러 올게요 그대 보려고

가는 정
오는 정
피어나는 물망초(나를 잊지 마세요)
떠나올 땐 아쉬운 정 잊지 못하고
그 정 곱게 접어 그대 가슴에 안길 때
내 가슴에 추억되어 곱게 내려앉네요

좋은 사람

그리우면 그립다고
말을 할 줄 아는 사람이 좋고

불가능 속에서도 한 줄기 빛을 보기 위해
애쓰는 사람이라 좋고

멋진 옷차림이 아니더라도
편안함을 주는 사람이라 좋고

나라와 부모 형제를
사랑할 줄 아는 사람이라 좋고

바빠도 그 속에서
여유를 부릴 줄 아는 사람이라 좋고

아무리 괴롭고 외로워도
자신을 지킬 수 있는 사람이라 좋고

노래를 못해도
즐겁게 부를 줄 아는 사람이라 좋고

어린아이와 노인들에게
말벗이 될 수 있는 사람이라 좋고

다른 사람의 자존심을
지켜줄 줄 아는 사람이라 좋고

상대편의 마음을
알려고 노력하는 사람이라 좋고

외모보다는
마음을 읽을 줄 아는 사람이라 좋고

자신의 잘못을
시인할 줄 아는 사람이라 좋고

용서를 구하고
용서를 할 줄 아는 사람이라 좋고

상대편을 칭찬하는데
인색하지 않은 사람이라 좋고

손수 차 한 잔을
끓여줄 줄 아는 사람이라 좋고

누군가 짓뭉개고 잘라버려도
살아나는 생명력에 나는 반해 버렸다

안개 속

눈앞의 안개는
내 마음의 벽 인가
아니면
나와 이 세상의
아득한 경계선인가

이제야 알 것 같은 삶 속에서
무엇인가를 기다리다 지쳐서 돌아설 때
외로움과 괴로움의 교차로 위에서
퍼덕이는 한 마리의 날개 잃은 새

내 마음에 피어오르는 새벽안개는
퍼덕이다 지친 나에게
이제는 날 밝아 오니 쉬라고 한다

추억 속의 편지

창가에 기대앉아 당신 웃음 떠올리며 쓴 편지에
나의 웃음 새겨 놓았는데 그 미소 보았는지요
만약 지워져서 못 보셨다면 답장할 때 꼭 적어주세요
다음 편지엔 지워지지 않게
복사기에 복사해서 보내 드리겠습니다

나의 가장 소중한 시간은
이렇게 당신께 편지 쓰는 시간이랍니다
할애해 주신 당신께 감사할 따름이 군요
당신이 없었더라면
제가 편지 쓰는 것을 생각이나 했겠습니까

둥근달 뜨면 당신의 얼굴 그려보고
씨 – 익 쪼개지는 나의 입술
그대는 아시는지요
하늘에 그려본 얼굴이 구름에 숨기라도 하면
나의 입술은 금방 오므라들고
그리곤 이내 함박웃음 되지요
당신도 나 보기가 쑥스러운가 봐요

사는 게 다 그렇더군요

그래요 사람 사는 게 다 그렇더군요
능력 있고 배웠다고 타인들과 별다른 것도 아니고
천원 버는 사람이 만원 버는 사람보다
더 행복할 때 얼마나 좋아 보입니까
그 사람은 행복을 찾을 줄 아는 사람입니다

욕심 조금만 버리고 산다면 거기서부터 행복이 올 건데
왜 그렇게도 부러운 게 많고 가지고 싶은 게 많은지
뭐가 그리 대단한 거라고 버둥대는 모습 안 볼랍니다

그래요 사람 사는 게 다 그렇고 그렇더군요
넓은 집 넓은 정원 있다고 다들 행복한 것 아니고
맛나고 좋은 음식 먹고 산다고
머리가 좋은 줄 알았는데 그것도 아니더군요

잘 살고 행복한 사람들 가만히 지켜보니
많이 배웠어도 잘난 체 안 하고
서로 양보의 미덕과 진실의 마음 가지고
누구에게도 피해 안 주고 자기 편한 데로 살더군요

고향 소식

내 고향 영숙이한테서 편지 왔어요
아지랑이 피어오르고 개나리꽃 피었다고

내 고향 영숙이한테서 편지 왔어요
산새들 노래하고 진달래꽃 활짝 피었다고

내 고향 영숙이한테서 편지 왔어요
봄바람 살랑살랑 불고 철쭉꽃 활짝 피었다고

내 고향 영숙이한테서 편지 왔어요
주룩주룩 짜드는 빗속에 할미꽃 홀로 피었다고

내 고향 영숙이한테서 편지가 왔어요
크고 가지 무성한 고목에 어여쁜 새싹 돋아난다고

내 고향 영숙이한테서 편지가 왔어요
저녁노을 붉게 물든 하늘 밑에 예쁜 복사꽃 피었다고

내 고향 영숙이한테서 편지가 왔어요
가무솥골에 빨간 산딸기 날 보고 예쁘게 웃는다고

내 고향 영숙이한테서 편지가 왔어요
뒷산 절두골에 살구꽃 변함없이 피었다고

내 고향 영숙이한테서 편지가 왔어요
동네 뒷산 갈비봉에 도라지꽃 올해도 예쁘게 피었다고

내 고향 영숙이한테서 편지가 왔어요
학교 다니던 시냇가 말매미는 올해도 그대로 운다고

내 고향 영숙이한테서 편지가 왔어요
산 너머 재 너머에 길 없어지고 잡초만이 무성하다고

내 고향 영숙이한테서 편지가 왔어요
오곡백과 만발했던 논밭은 산과 들로 변하고 말았다고

내 고향 영숙이한테서 편지가 왔어요
머루 다래 따러가던 오솔길은 이제는 올라갈 수 없다고

내 고향 영숙이한테서 편지가 왔어요
고향마을에 어릴 적 뛰놀던 그 향기는 간 곳이 없다고

어이하나 고향산천 잊을 수가 없는데
어릴 적 그 향기는 간 곳이 없으니
나 어릴 적 그 추억은 찾을 길이 없구나

바다

어둠이 몰리는
나른한 오후의 시간은
비틀거리는 낙조의 긴 여운이
그치지 않는 파도처럼
하루의 미련이 가슴에 여울지고

저 – 어
수평선 너머에는
다가오는 어둠의 발자취

푸른 물결처럼 넘실대는 안타까움
하얗게 수놓으며
어둠 속으로 물들어갈 때
가슴속 비추는 밤의 창가에서
참된 삶을 갈구하며
알찬 내일을 위해

온갖 괴로움 막아내는 강인한 마음 안고서
미소 짓는 웃음으로
오늘도 고이고이 잠을 청한다

인생

거리마다 어둠이 깔리면
하나씩 켜지는 가로등 불빛
불빛 밑으로 오고 가는
수많은 사람들은
오늘도 힘없이 하루를 마감하며
하나둘씩
집 찾아든다
오늘도 하루를
무사히 마친 것을 안도하면서

편지

그리움과 수줍음을 묶어서
써 내려가는
늦겨울의 편지
추억을 더듬어
토해낸다

가슴 아린 추억 속의
상처들
아련히 피어나는
추억에
소리 죽여 눈물 훔친다

폭풍한설
몰아치는 밤
붙일 수 없는
편지가 깜박깜박 조는 틈에
얼른 또 한 통의
편지를 쓴다

기약 없는 약속처럼

다락방의 추억

학교 다닐 때 나만의 유일한 공간
식구들은 모두 부친의 직장 따라 이사하고
고모님 댁의 작은 다락방이 나의 유일무이한 안식처

그때 그 시절 낮은 천장 밑에
삼십 촉짜리 백열등 아래 누워서 극장에서 들려오는
조용필의 '돌아와요 부산항' 노래 들으며 연애편지 쓸 때
세상은 다 내 것 인양 즐거웠던 곳

다락방에 친구들 데려와
라면 끓여서 조금이나마 더 먹으려고
서로들 티격태격하던 곳

나의 은닉처요 유일한 보금자리고 나만의 공간이었던 곳
시인이 되겠다고 생라면 뜯어 먹으며
시작(詩作) 노트 서로 주고받던 공간 추억의 다락방

그곳은 나의 사춘기에 잠깐이나마
나를 시인으로 만들어 주던 조그만 다락방
옛 추억 그리워 가끔은 미소 짓는다

날아가 버린 시상(詩想)

자리 잡고 앉아 헛기침 한 번에 쓸려고 마음먹었던 시상(詩想)
다- 날아가 버렸다 어디로 어떻게 날아갔을까
알기라도 하면 쫓아가서 붙잡아 올 건데

날개 달고 날아갔을까 마라톤 선수처럼 뛰어갔을까
하는 생각에 머릿속을 휘휘- 저어본다
저을수록 혼미에 빠지는 머릿속 단어들
내가 먼저니 네가 먼저니
하면서 마구잡이로 튀어나오는 녀석들

이제는 질서를 지킬 때도 되었건만
텅 빈 머릿속은 이제 막 잠에서 깨어난 것처럼
우왕좌왕이다

무엇 하나라도 결정을 못 하는 텅 빈 머릿속
너는
또 한 번의 오점(汚點)을 남기는구나

고독의 아침

온종일 인파 속 물결 따라 헤엄치고 다녔더니
팔도 아프고 다리마저 욱신거린다
엄청난 파도와 까마득히 높은 절벽들 어이해야 하나

내가 이겨내야 할 파도 속의 외로움
저— 높은 절벽과 그리고 너
엄청나게 헤엄쳐 앞으로 나아갔건만
헤엄치는 것이 아니라 표류 그 자체였다

아! 내가 전생에 무슨 죄가 커서 파도가 막는단 말인가
무념이 상팔잔가 고독 앞에서는 나는 꼼짝을 못 하는구나

고독이 몸부림치고 절벽이 가로막을 때
내 죄는 눈물을 부르고
진한 고독 솔솔 피어올라 인파 속에서
또 나를 불러 세워놓고 뭐라고 하는데
들리지는 않고 답답하기만 한 현실

인파 속 바다 건너 달리고 또 달리니
동트는 아침이 나를 부른다

침묵

그렇게 떠나갔다 나에게 소식도 없이
그나마 다행인 것은
벽에 걸린 나이 던 벽시계가
귓속말로 전해준다
침묵은 여기 있다가 지금 막 갔다고
어디로 갔는지는 모르지만 왜 갔을까

어디를 찾아봐도 보이지 않는 침묵
고요함이 깔리면 또 나타나겠지
아무 일도 없는 듯

침묵이 어떻게 오는지를 조용히 지켜봤다
내 예상대로 고요가 쌓이니까
그곳엔 어김없이 걸어서 당당히 들어왔다

침묵은 주인의 허락도 없이 왔다가
간다는 말도 없이 그냥 가버린다
침묵은 소리가 나면 왜 가버릴까?
소리가 무서워서 도망치는 걸까?

오늘 밤은 눈이 내렸다
눈을 보니 소리 없는 환희도 있고

들뜬 마음에 막연한 기다림도 있었다
침묵은 누구에게 들킬까 봐
발자국 지워가며 눈 위로 걸어오고 있었다
창문을 여니 침묵은 어디론가
또 그렇게 숨어버린다

아!
침묵은 평화를 가져다주는 천사인가?
아님 나를 망치는 악귀인가?

내가 살아오는 동안
숱한 세월같이 살아온 너
이제는 내가 무섭지도 않은가 보다
두 눈을 부릅뜨고 있어도 천연덕스럽게
내 옆으로 와서 자리 잡고 앉아
거기는 너무 깊으니 들어가지 말라고
친구처럼 충고까지 해주니 말이다

세월의 강

장마에 가뭄에
자연을 먹고 산 세월까지
기나긴 세월 속에 굽이굽이 흐르는 강

언덕 위에서 세월의 강 따라
굽이굽이 뛰놀던 어린 친구들
늙은이 되어 돌아왔구나

세월의 강 말없이 그대로 흐르고
흐르는 강 따라 굽이굽이 홀로 가던 나그네는
강물의 무심함을 아는지 모르는지
황무지로 변해버린 빛바랜 너의 영혼
강물 따라 흘러가는구나

세월

세월은 자꾸만 나랑 같이 가잔다
자기 혼자 가도 될 것을
혼자 가라고 하니 외롭단다

너 외롭다고 따라오다가
머리는 희끗희끗 새털구름 떠가고
눈가엔 실금으로 난도질당하고
팔다리에 솟던 힘은 너에게 빼앗기고 말았구나

나 이제 돌아가리라
내가 힘이 없어 너를 잡지 못했으니
내가 죄인이구나
만약 되돌아갈 수만 있다면 다시는 속지 않고
힘! 길러 내 앞에 무릎 꿇리고 말리라

집착

오늘도 창밖은 어김없이 어둠이 시작되고 있다
내리깔리는 어둠 속으로 한 발짝씩 걸어 나오는 당신을
먼- 기억 속으로 지워 버린 지 오랜데
새삼스럽게 내 앞에 외로이 와 있는 당신

어쩌자고 와서 추억으로의 여행을 떠나게 하는 이유가
무엇인지 모르겠구려
나와 못다 한 정이라도 남았단 말인가

정이라는 기나긴 끈이라도 끊으려고 왔단 말인가
정 끊으려면 오지 않으면 될 것을
이런 것이 미련이라는 건가
아니면 집착이라고 하는 건가?

동강의 아침

경치 좋고
물 맑은 곳이 동강이라
닭 홰치는 소리에 날 밝으니
동강의 아침일세

산새들 노래하고 날 밝았으니
래프팅 한번 즐겨보세
어 라이언 물길 따라 단합 소리 메아리치고
물길 따라 젓는 노 이리저리 춤을 춘다

보트 위의 우리들도 자연과 합해지니
나 머물 곳 여기인데
함께하는 우리네들
그 무엇이 부러울쏘냐 마는
안타깝다 해 넘어가고 날 저무니

난상토론

강가에 앉아 낚시 드리우고
찌를 바라본다
우왕좌왕 고기떼들 자기네들끼리
난상토론 벌어진 모양이다

토론이 끝나고 호기심에 한두 놈
미끼를 꼬리로 툭툭 치는가 보다
바람도 자고 있는데 찌가 일렁이니 말이다

어떤 간 큰 녀석 아까 토론하면서
절대로 입으로는 장난치지 말라는
충고를 깜박 잊고 말았나 보다

이걸 어쩌나
이것을 어쩌나
미끼 부스러기 떨어져 입으로 들어오는
부스러기의 그 맛 코로 들어오는 달콤한
이 냄새
그만 유혹에 빠져 덥석 물고 후회를 하네
하지만 어떡하나 이 한 몸 보신(補身)이나 해줘야지

제5부

그리움

그리움

시작도 없고 끝도 알 수 없이
커가는 그리움에 심장은 타고 타서
그리움이 재가 되어 남고
늘 – 마주치는 그대와
서로 가까워지는 것을 연습했어요

살다 보면 왠지 느낌이 좋고
생각하면 웃음이 나오고
늘 – 그리움으로
목덜미를 간질이는 사람이 있습니다

가까움을 느끼려면
모든 껍질 훌훌 벗어던지고
진실하고 솔직해야 한대요

외로움으로 고독만을 움켜잡고
야위어 가는
삶의 시간 속에서 갇혀 있으면
불행 그 자체라지요

사랑하는 사람과 가까워지기를 연습하며
오늘 밤도 고이고이 잠을 청합니다

만나면 편한 사람

그대를 생각한다는 건
마음이 따뜻해지기 때문이지요
그대 얼굴만 보고 있어도
내 마음이 편해지니까
그대는 내 삶에 잔잔히 흐르는 사랑의 힘

나
그대를 기다리고 있어요
한 잔의 커피에도 행복하고
거리를 같이 걸어도 편안한 사람은 당신이지요

저 멀리 있어도 가깝게 느껴지고
가까이 있어도 부담 주지 않고
나에게 항상 힘이 되는 그대
한도 끝도 없는 재미난 이야기로
나를 항상 미소 짓게 하는 사람
내 마음 주고도 또 주고픈 사람
그 사람은 바로 당신이랍니다

미소

비가 한없이 짜들더니만
이제는 그쳐서 시커먼 밤하늘
거기에 그려 본다
동그라미를 눈, 코, 귀, 입까지

사랑하는 사람을 가슴에 품고 살아간다는 것이
얼마만큼의 행복일까
가끔 그 사랑 때문에 마음은 아파져 오겠지만
지나온 추억에 웃을 수도 있기에

그대의 상큼한 미소에 아름다움 흘러나와
가슴 깊숙이 파고드는데 보고파라 그대의 미소
그 미소 항상 내 옆에 있었으면

비 오는 밤

잠 못 이루는 밤에
고운 편지지엔
임의 사연 쓰지 못하고
창밖만 하염없이 바라보는 밤에
비는 내리고

떨어낸 눈물 빛에
그대 모습 비칠 때 가슴 애이고
가슴속 핏줄기 용솟음치다 못해
울부짖는다

깊은 정

살랑이는 바람결에
나의 노래 날려본다
네가 들을 수 있을까 하고
혹시라도 네가 듣는다면
내 노래에 날개 달아줄까 해서
그럼 내 마음은 따뜻해지겠지
가슴속 묻어 두었던 맘
고이고이 전해본다
기대는 하지 않지만
네가 사는 쪽으로 미소 지으며
그리운 맘 들려주고 싶어서
이내 맘은 잠 못 이루고
정은 정대로 깊어만 가고
가슴은 가슴대로 아파하는데
모질게도 이 밤은 깊어만 가고
내 맘 오늘 밤은 갈 곳 몰라라

어떤 인연

너와 난 전생에 무슨 인연이었을까?
많은 사람 속에서 무심코 스친 옷깃이
전생에 수천 번 만나고 헤어졌다던데
너와 나는 그리움의 건너편에서
마주 보고 있으니
너와 난 어떤 사이라고 해야 할까

안 보면 보고 싶고
만나면
더 가까이 가고픈
그런 사이였을 거야 아마도

난 지금도 너에게 하고픈 말은
내가 멀리 있고 네가 안 보여도
언제나 그렇게 넌 내 곁에 있는 거라고

옛 향기

어린 시절 옛 향기 맡으러 간
그리운 내 고향 산골
머나먼 산길

학교 다니던 길 간곳없고
잡초만이 무성하네
가시덩굴 헤쳐서
겨우겨우 찾아낸 길

옛 향기 어디 가고
추억의 뒤편으로

찾는 이 없는 길에
외로이 홀로 우는 장끼 한 마리
외로이 고개 숙인 타박 소나무
향수에 젖어 옛 친구들 찾는구나

산고(産苦)

그대는 항상 가까운 곳에 있지만
왠지 모르게 자꾸만 멀리 느껴지는 당신
난 당신이 참 좋은데
왜 자꾸만 멀리 있다고 느껴질까?
당신의 부탁 외면해서일까?
하지만 들어줄 수 없는 부탁인데 어쩌나
남의 불행 위에서 내가 행복해진다는 것
그것은 내가 바라는 행복이 아닌 것을

밤하늘에 새겨진 당신 모습 쳐다보며
왠지 모르게 눈물만이 고인다
당신 생각에 별도 세어보지만 열까지도 못 헤아리고
주체할 수 없는 설움에 눈물이 핑 돈다

별들은 어느새 구름 속으로 숨어버렸다
눈물 보기 싫다고
지금쯤 당신은 어느 하늘 아래

밤에 핀 백장미 나를 달래고 어여쁜 빨간 장미 위로해주네
모두가 행복해질 날이 언젠가는 올 거라고

만남

이 세상을 살아가면서 몇 번의 만남과 헤어짐이 있었는가
우리는 만남과 이별의 반복 속에서 항상 살아가고 있지요
옷깃만 스쳐도 인연이라 했는데
오늘날 우린 만남도 쉽고 또한 헤어짐도 쉽다

그냥 스치는 인연이 아닌 서로 마음으로 다가가고
넓은 어깨로 감싸주는 그런 만남이 가슴 아리도록 그리울 때
많은 생각을 하지요

아무 말도 필요치 않고 그저 서로 배려하면서
조그마한 것에서 감동할 줄 알고
작은 것을 소중히 할 줄 아는
그런 만남이 되면 우리는 벌써 천생연분이어라

아!
그립다
너의 따스한 가슴속이
같은 시대 태어나 인생의 동무로서
서로 바라보며 웃어줄 수 있는 여유로운 만남
나는 그런 만남이 그립다

잠 못 이룬 밤

하늘은 잔뜩 찌푸리고
찌푸린 하늘 달래려고
애를 써보았지만
기어이 내 아린 속 긁어 놓고 간다

창가에 다가서면
귀에 익은 목소리
명랑하고 활달한 그의 웃음소리
거울 보며 우는 아름다움까지도
창가에 어렴풋이 그려지는 날은
가슴 아려 잠 못 이룬다

천당과 극락

천당!
극락!
그것은 누구도 알 수 없는
비밀의 사후(死後)

단지 추상일 뿐
죽음이라는 것이 두려워
하나의 과정을 설정해 놓았을 뿐

그 뉘라서
천당을 갔다 왔단 말인가?
아니면
극락을 갔다 왔단 말인가?
이도 아니면
저승사자와 면담이라도 했단 말인가

살아생전에 행복하면
그것이
천당이고
극락인 것을

민들레

햇볕 그늘 비치고 스산한 바람은 따귀 때리며 지나간다
차갑고 시린 진눈깨비 지나가며 흔들어 잠 못 들게 한다

나무 사이로 찾아든 햇살에 의지해 노-란 웃음에
보조개 띄우고 나를 반기는 민들레
겨우내 추위와 싸우면서 물 한 방울 마실 수 없었던
울분을 이제야 꽃으로 피우는구나

뿌리 깊이 내리고 하얀 눈을 이불 삼아
억장 무너지는 슬픔 후세를 위해선 견뎌야만 했던
차디찬 겨울의 낮과 밤

인내 강한 너에게 우리는 무엇을 배울까 마는
나는 너에게 하나 배웠구나
인내는 쓰다
그러나
그 열매는 달다는 것을

정

세월은 내 앞을
그냥 지나지 않는다
꼭 나에게
정이란 단어를 안기고 간다

세상의 모든 정
나에게 떠맡기고 가면
난 어이하라고

쌓인 정 차마 떨치지 못하고
부둥켜안고 발길 돌린 귀갓길에
등허리로 쌓인 정 홀로되어 우는구나

별과 나

눈이 그치기를 기다리고
바람이 멈추기를 기다려서
해를 보려고 기다렸건만
해는 나오지 않고
두리둥실 내 마음만 떠가는구나

하늘의 별 하나하나
저녁달 그리워서 눈 크게 뜨고
반짝거리건만
어이하나 적막한 이 밤은
쓸쓸히 깊어만 가는구나

돼지들의 모임 3주년에

우리들의 복(福) 많고 정(情) 많은 우리네 복(福) 돼지들의 만남이
벌써 3주년이라네
길다면 길고 짧다면 짧은 세월이지만
우리 모두 하나 되어 정 나누려 여기 모였다

인생은 짧고 예술은 길다고 누가 말했든가
우리 모두 인생 반백 돌아가는 길목에서
인생 한번 즐겁게 살아보자고 여기에 모였다

우리는 한날한시에 같이 태어나지는 않았어도
우리는 모두가 전생에서 약속이라도 한 것처럼
한 해에 같이 태어나 살아온 세월 반백 년

어이할까나
어이할까나
흘러버린 내 청춘 되돌릴 수 없으니
지금부터라도 우리 모두 행복한 인생 즐겁게 살아보세
사는 인생 즐겁다면 그것이 바로 행복일세

해넘이

고갯마루 붉은 해
넘어가지 않고
날 보고 오라면서
얼굴 붉히는구나

나 보고 싶어
못 넘어가나
나뭇가지에 걸려
못 넘어가나

타는 듯한 붉은 해는
가는 날 세워놓고
나뭇가지 뒤에 숨어
수줍은 듯
두 눈만 깜박거리는구나

아마도
날 좋아하나 보다
나보고 얼굴 붉히니 말이다

매화꽃 필 때

매화꽃 피면 온다던
내 임은 오지를 않고

어이하나 이내 맘은
그리움으로 가득 차 못내 아쉬움에
매화꽃 질 때까지 뜬눈으로 밤을 새운다

산수유꽃 필 때 오시려나
개나리 진달래 만발할 때
꽃신 신고 오시려나
기다리는 마음은 벌써 웃음꽃

사랑에 겨운 벌 한 마리
일찍이 찾아와
꽃 피기를 기다리건만
속마음 들킬까 봐
활짝 피우지 못한 산수유꽃
따스한 봄 햇살에 깜박깜박 졸고 있구나

고향 가는 길

급한 마음 도로 위에 올려놓으니
빨리 가잔다
일 톤짜리 화물차는
내 손에
철저하게 길들어져서
반항 한마디 못하고 잘도 달린다
씽—씽—

고향 집에 가봐야 빈집인데
뭐가 그리도 바쁜지
앞서가던 차 단속 카메라 앞에서 급제동에
놀란 가슴은
새가슴 되어 휘—둥 그래진 두 눈은
휴—
안도의 숨 내리깔고
놀란 가슴 가만히 쓸어내린다

고독

온갖 시름 다 겪고
강물에 흘려보낸 나의 고독은
멀리멀리 흘러간 줄 알았는데
헤엄쳐 강물 타고 다시 돌아와
가슴 한구석 채운다

새털구름보다 새하얀 고독
먹구름보다 더 검은 고독
무지개보다 더 화려한 고독

용이 되려는지
끝없는 폭포 타고 올라가기를
하루
이틀
사흘

무슨 힘이 있어 너를 당하랴
흐르는 고독 따라 헤매는 나
무엇으로 달래 볼까나
무거운 마음은 돛 없는 배

회상

불러도 불러 봐도 대답이 없는 세월
뉘라서 불러올 건가
언제 올까 손꼽아도 소용없고
붙잡으려 뛰어가도 소용이 없네

내가 걸으면 세월도 걷고
내가 뛰어가면 세월 또한 뛰어가네

건너지 못한 강 건너엔
보이지 않는 세월 따라서
살구꽃 피고 지기를 몇몇 해인가

돌아오지 못할 세월
강 저편에서 배 타고 즐기는구나

고독한 내면 공간에 대한 진술
— 여재학의 『무언(無言)의 연가(戀歌)』 시세계

김관식(시인 · 평론가)

1. 들어가며

여재학 시인이 등단 10여 년 만에 발간하는 첫 시집 『무언(無言)의 연가(戀歌)』는 제1부 봄기운, 제2부 너의 향기, 제3부 삶, 제4부 편지, 제5부 그리움 등 각각 100편의 시를 묶었다. 이 시집의 시세계를 요약하면, 제1부 봄기운에서 정체공능의 도와 기의 기운, 제2부 너의 향기에서 내면 공간에 자리 잡은 과거 인연에 대한 체취, 제3부 미화된 주관적인 인생관 진술, 제4부 고독한 내면 의식, 제5부 자신의 존재 탄생 공간으로의 회귀의식 등이다.

그가 지난 시공간에서 만난 사람들과의 인연에 대한 시인 자신의 생각들을 시로 펼쳤는데 그가 무엇을 위해 그토록 시에 매달렸는지에 대해 간략하게 해설해보기로 하겠다.

2. 고독한 내면 공간에 대한 진술

중국과 서양의 세계관은 고대로부터 전혀 상반된 세계관으로 오늘에 이르렀다. 따라서 중서의 세계관이 서로 융합될 수 없이 독자성을 유지해왔다. 서구인들은 이원론적인 세계관으로 실체의 세계가 필연적으로 형식 원칙으로 구체화되는 데 반해, 중국인들은 일원론적인 세계관으로 도와 기의 우주라는 정체공능(整體功能)으로 구체화된다고 보았다.

따라서 서구의 세계관은 오랫동안 끊임없이 변화의 과정을 거쳐 오면서 다양한 문예사조를 형성해왔고 앞으로도 변화를 거듭할 것이 예측되나, 중국에서는 구체적인 사물의 정체성(기)이 우주 전체(천지의 기)와 분리될 수 없고, 인체의 기는 지리 · 기후 · 시간 등 천지의 기와 밀접하게 연관되어 있다고 중국의 미학자 장파는 말했다.

개인의 시공간에 따른 정서 경험은 사실만이 존재하는 시인의 마음속에 누적되고, 시인은 이 정서 경험을 시로 창작하게 된다. 시는 마음으로 이해할 수 있을 뿐 말로는 표현할 수 없는 도의 경지를 표현하게 되는데 중국은 인격이 완성되어야 좋은 시를 쓸 수 있다고 보았다. 시는 곧 그 사람의 인품을 표현한다고 보았다. 그렇지만 서양은 인격과 시를 동일시 보지 않고 시인과 창작품을 분리해서 보는 경향이 있다.

오랫동안 유교 문화권에서 양반들의 전유물이었던 시 창작 활동이 현대에 와서 평등하게 누구나 표현할 수 있는 문화로 받아 들여왔으나 우리 시는 전통적인 노래가사로 서양의 현대시와는 전혀 다른 경향이었다. 물론 서양에서도 한때 낭만주의 시대에 낭만주의 시인인 워드워즈는 "시는 감정의 유로"라고 하여 주관적인 감정을 직접적으로 토로하는 시대가 있었다.

그러나 오늘날 우리 교육은 서양식 교육을 받아 고전문학과 현대문학을 구분하여 교육받아왔으나 대부분 현대시를 창작하는 시인의 경우 음악과 결합된 전통시의 맥락을 고집하고 있고, 유행가사와 유사한 감정의 직접적인 토로 형식의 시를 현대시로 써오고 있다. 그렇지만 서구의 현대시는 그림과 결합하여 이미지로 형상화하여 주관적인 정서를 최대한 억제하고 객관적인 정서로 표현하기 위해 형상화과정을 거쳐 묘사와 진술로 표현한다.

여재학 시는 중국의 시론에 입각하여 감정을 직접적으로 노출하기도 하고 주관적인 감정을 진술한 시라고 할 수 있다. 따라서 서양시론에 입각하여 시를 보는 관점으로는 해석이 불가능하다고 보아 도를 중시하고, 도구를 경시하고 정신을 중시하는 중국인의 정체공능의 시론에 입각하여 그의 시를 해설하기로 한다. 중국인의 인식론은 "종교적 미신이 아닌 맑게 깨어있는 이성으로 공능성을 내용으로 하는 논리를 갖추고, 경험, 체험, 직관을 강조하며, 현실 속에서 유효하고 유용하며 이로움이 있어야 한다."고 장파 교수는 보았다. 우리나라의 인식론은 중국의 인식론과 서양의 인식론이 뒤죽박죽되어 있으나 조지훈 시인은 한국의 미를 "아름다움, 고움, 멋"으로 미술평론가 고유섭은 "질박, 담소, 무기교의 기교"라고 한국의 미를 정의하면서 "북

방유목민의 삶 속에서 형성된 무교적 영향에서 유래했는데 신나면 규칙을 무시하며 도취하는 기질과 연관된 신바람으로, 우리 민족의 미적 특성을 정리했다." 고고미술사학자 김원룡은 "남방의 농경문화에서 유래, 지신을 섬기면서 형성된 자연신의 숭배에 따라 항상 자연을 주격으로 생각하는 가치관의 발로된 질박미로 한국의 미를 정의했다."

학자마다 관점에 따라 약간의 차이는 있으나 북방유목민의 신바람과 남방 농경정착민의 질박미는 우리 한국인의 문화정서 DNA 인자를 가지고 있다고 보아야 할 것이다.

1) 정체공능의 도와 기의 기운

동양문화의 바탕은 도에서 시작하여 도에서 끝나는 것이었으며, 인위적인 기교보다는 자연 섭리에 따르는 무위자연적인 삶을 존경해왔다. 도는 인간이 살아가는데 있어서 걸어야할 보편타당한 가치이며, 삶의 방식이었다. 도를 유교에서는 규범 · 인륜 등의 뜻으로 보았고, 도교에서는 우주만물의 근원, 즉 절대성을 지닌 개념으로, 그리고 불교에서는 올바른 삶의 길로서 제시하였다. 특히 우리나라의 도는 단군의 건국이념인 홍익은 '널리 모든 사람이 지켜야 할 길'로서 이것이 한국적 도의 효시로 홍익인간은 화합과 번영의 이상적 실천덕목으로 존재하여 왔고, 한울님의 도, 화랑의 도, 가족의 도, 조상숭배의 도, 효의 도, 충의 도 등이 있었다. 도는 말로 설명할 수 없는 시의 경지와 유사한 점을 보이고 있다.

이기이원론(理氣二元論)으로 독특한 이론을 확립한 이황은 이(理)를 본성, 기(氣)는 그 에너지의 작용으로 보아 그 둘의 양생을 구체적 도의 길로 보았다. 여재학 시인은 이를 찾아 나서서 계절의 변화에 따른 기를 느낀다. 기는 생명활동을 원활하게 하는 에너지의 흐름이 넘쳐 남을 온몸으로 느끼고 있는 것이다.

살련다
살련다
나
살련다

어제까지 입었던 옷
벗어던지고 새 옷 갈아입고서
나 살련다
답답하니 하얀 솜이불 걷어치워라

내 몸에 새살 돋으니
힘 불끈 솟는구나
툭툭 털고 일어나
우리 모두 기지개를 켜보자

이 세상
온- 산천이 어서 일어나라고
나를 부른다

—「봄기운」 전문

봄기운을 느낄 때 생동감을 느끼게 된다. 그는 기의

흐름에 따라 옷을 먼저 갈아입는다. 그리고 겨우내 덮은 솜이불을 걷어치운다. 이미 봄기운이 온몸에 펴져 주체할 수 없게 되자 "툭툭 털고 일어나" "기지개"를 켜는 역동적인 움직임을 보인다. 그리고 정체공능의 실체로서 우주의 부름을 느끼는 것이다.

「빈 껍질 하나」에서 가을의 기운에 대한 진술, 「새싹」의 꽃샘추위의 진술, 「사랑의 진실」에서의 꽃과 동일시한 아가페적인 사랑의 진술, 「밤하늘」의 고독한 내면정서, 「노을빛 추억」 정체공능 속의 존재의식, 「자연 속 내 사랑」에서의 자연과 일체화된 삶의 지향성, 「산 아이」에서의 산과 자신의 일체감, 「이런 사람」에서 좋은 벗에 대한 사유, 「오는 봄」, 「봄의 유혹」에서의 자연에서 느끼는 기, 「용두산」은 자신이 살고 있는 제천 의림지에 대한 생각, 「청풍호」에 대한 예찬, 「겨울 풍경화」에서 자신이 살고 있는 주변자연의 겨울 풍광 스케치, 「봄」이 오는 모습 스케치, 「날벼락」의 천둥번개의 경험 진술, "마음의 고향"으로 생각하는 「천등산」, 「봄비」 오는 날의 경험 진술, 「빨랫줄 세월 말리고」의 시골집 풍경 묘사, 「그림자」에 대한 생각 등 시인 자신이 살고 있는 자연 풍광과 마음의 모습을 통해 기의 흐름을 진술하는 정체공능의 도와 기의 기운에 대한 느낌을 자유스럽게 진술하고 있다.

2) 내면 공간에 자리 잡은 과거 인연에 대한 체취

장자는 인간의 마음의 고착적 경향성을 멈추는 방법으로 일체의 지적 인식이나 관념, 욕망을 배제한 관조적 태도를 제시했다. 실용적인 목적이나 가치에 기준을 두지 않고 마음을 비워 대상을 기(氣)로 대하는 것이 장자의 관조적 태도이다. 마음의 고착적 경향성이란 '앎[知]'과 '욕망[欲]' 때문에 생겨나는 것으로 이것은 자연스럽게 변화하는 사물들을 재단하고 차등화하게 되며 그것에 집착하여 마음의 갈등을 일으킨다고 장자는 주장했다

따라서 장자가 제시하는 관조를 통해서 만날 수 있는 공간은 기(氣)의 커다란 소통 공간이다. 관조는 내면의 마음을 비우고 조용히 기(氣)의 공간을 드러내는 내향적 소통의 성격을 가지고 있지만 장자의 관조는 이러한 내향적인 소통을 통해서 바라보는 대상과 차별과 분리가 없는 소통으로 나아가고 주체를 벗어난 외향성을 획득하게 되며 대상과 내외의 구분이 없어지게 된다. 그리고 이러한 커다란 소통의 공간에서 주체와 대상은 끊임없이 변화하고 순환하며 조화를 이루게 되는데 장자는 이러한 변화를 '물화(物化)'라고 했다.

우리는 시공간 속에서 살아간다. 시간이 무엇인가라는 것에 대한 물음은 현존재에 대한 우리들의 고찰을 지시해 준다. 여기서 현존재라는 말은 우리가 인간적인 삶으로서 알고 있는 존재 가운데 있는 존재자를 의미한다.[1] 사람은 사회적 존재이기 이전에 주체적이고 고유한 존엄한 인격체이기도 하며 개별적인 존재자이다. 독자적 존재로서의 개인은 자신의 내면에 집중함으로써 사회의 흐름에 따라 행동하는 인간이 아닌 존

1) 마르틴 하이데거, 『시간의 개념』, 서동은 역, 누멘, 2009, p.16.

재하는 인간이 될 수 있는 것이다. 내면세계에 귀를 기울이기 위해서는 어떤 시간에서 시간으로 넘어가는 사이의 시간을 필요로 하게 된다.

시간의 흐름을 느끼기 위해서 공간은 필수불가결한 요소다. 우리는 공간 속에서 시간을 보낸다. 공간은 수많은 벌집 같은 구멍들 속에 시간을 압축해 간직하고 있으며, 공간은 그렇게 하는데 소용된다.[2)] 시간은 비가역적이지만, 같은 공간에서 보낸 다른 시간은 공간에 대한 기억 속에서 중첩될 수 있다. 그러므로 인간의 내면에는 물리적으로 같은 공간이라 할지라도 서로 다른 시간의 기억이 새로이 다가올 수 있는 것이다. 같은 공간에서 반복되는 감각적 경험을 통해 내면 공간으로의 통로를 발견할 수 있게 된다.

아버지! 불러도 대답도 하지 않더니만
그렇게 허무하게 산 위에 구름 가듯
나를 뒤로 한 채 가셨나요

아버지를 떠나보낸 사람들은
누구나 아쉬움은 남겠지만
내 아버지는 펼쳐보지도 못한 꿈을
가슴에 단단한 한(恨) 안고서 가셨습니다

가시는 길 험한데 무거운 짐 어떻게 지고 가셨을까
내게 가져와라 하시고 그냥 가셔도 될 것을
굳이 가지고 가시는 까닭은 무엇이란 말입니까

---

2) 가스통 바슐라르, 『공간의 시학』, 곽광수 역, 동문선, 2003, p.83.

같이 있을 때는 가신다는 내색도 하지 않으시다가
뭐가 그리 급하셔서 말 한마디 없이 떠나셨나요

일찍 가신 아버지가 야속하고 원망스러워
아버지를 한없이 원망했던 나
하늘나라 가신지 17년 남몰래 흐르는 눈물
이 불효자는 이제야 철이 들려나 봅니다

—「아버지 산소 앞에서」 전문

여재학의 내면 공간은 장자의 물화된 공간에서 자신과 과거의 아버지와 소통을 시도한다. 「아버지 산소 앞에서」 이미 고인이 되신 아버지에 대한 생각을 통해 자신을 들여다보는 관조 방식으로 진술한 시이다. 시간을 같이 공유하던 공간적 경험에 대한 회상을 통해 현존재와 실체가 없는 존재와 산소라는 자연공간에서의 허무를 의식한다. 이는 아버지를 통해 자신의 존재성에 대한 성찰로 효의 도를 깨닫는 것이다.

시간의 흐름에 따라서 과거가 자리한 내면 공간은 늘 「아쉬움」이 남기 마련이다. 비가 오는 날이면 자신의 고독한 존재 의식을 인식하게 되는데, 내향적인 성격으로 사랑을 표현하지 못했던 내면 공간에 자리 잡은 과거 인연에 대한 체취를 「가을 뜨락에 서서」 「너의 향기」를 느껴보는 것이다. 종교적인 사유에 의한 「그(창제) 소리」를 들으며, 「사랑꽃」, 「꽃잎 사랑」, 「꽃들의 봄 잔치」, 「꽃보다 아름다운 사람들」 등과 소통하는 내면 공간을 설정해놓고 행복감을 느끼고 살아가는 것이다. 여재학 시인은 내면의 소통 공간에서 주체와 대상은 끊임없이 변화하고 순환하며 조화를 이루는 물화의 경지를 맛보는 즐거움으로 시를 창작하며 살아가는 것이다.

3) 미화된 주관적인 인생관 진술

동양적인 시관은 자연에 감정이입하거나 정체공능으로 기의 순환으로 직관적으로 사물을 인식함으로 주관적인 감정표현이 많다. 서양의 시론에서 볼 때 객관적인 정서와는 거리가 멀게 된다. 서양의 시론에 입각할 때, 시는 언어로 그린 그림이라고 할 정도로 회화적인 요소가 강한 것이 오늘의 현대시이다. 그런데 여재학 시인은 한자어, 관념어, 추상어, 직접 정서의 표현어를 사용하여 자신의 내면세계의 느낌을 진술하고 있는 중국시론에 입각한 작시법을 고수하고 있다.

인격의 완성이라는 정체공능의 실체로 중국시론에 의한 작시법에 의해 여재학 시인은 자신의 직접적인 내면 정서의 느낌, 그리고 자기 성찰과 존재의 정당성을 해명하는 방편으로 시를 창작한다고 볼 수 있다.

달리다 지쳐서 올려다본 하늘 어제는 먹구름으로 햇빛 가리고
오늘은 왠지 맑은 하늘로 기분마저 상쾌하다
살면서 자꾸 뒤돌아보게 되는 어설픈 이유는
미련으로 맺지 못한 그리움 때문 인가
나 자신을 문득 되돌아본 가슴속에
맺힌 한 방울의 아픔은 무엇이던가

나의 가슴속에 비는 내리고 다시 깨어난 아침에

찬연히 비치는 햇살처럼 그렇게 다시 또 살아지는 나날들
세상에 단 하나밖에 없는 그대를 사랑해도 된다면
내게 남은 사랑 듬뿍 드리고 유유히 그 길 가고 싶습니다

맑은 날에 드리는 내 땀과 무언(無言)의 메시지
그것으로 남은 시간 열매가 되는 삶 속에서
진실한 눈빛이 되고 싶습니다

꿈이어도 좋으니 장미꽃 한 아름 그대에게 드리고 싶습니다
맑은 날로 인해 다시금 용기가 되어 지는 날
한 줄기 햇살 같은 행복의 꽃으로 사랑해도 된다면
이 생명 다할 때까지 그대를 사랑하렵니다

—「무언(無言)의 연가(戀歌)」 전문

말 없는 사랑의 노래라는 의미의 한자투 표현인「무언(無言)의 연가(戀歌)」는 한자표현에 의해 무게감이 크게 중압감으로 다가온다. 화자는 어제와 오늘의 기분이 다르다는 평범한 시적 발상으로 "세상에 단 하나밖에 없는 그대를 사랑해도 된다면/ 내게 남은 사랑 듬뿍 드리고 유유히 그 길 가고 싶습니다"라는 가정된 상황을 설정한다. 그리고는 "내일 지구가 멸망하더라도 나는 한 그루의 사과나무를 심겠다"는 스피노자의 자세와 유사한 인생관을 진술한다. 또한 일을 하면서 흘린 "내 땀"="무언의 메시지"라는 은유로 시간 속에서

진실한 눈빛으로 남겠다는 강한 의지를 표출한다.

4) 자신의 존재 탄생 공간으로의 회귀 의식

사르트르는 그의 저서『닫힌 방』에서 “타인은 지옥이다”라고 말했다. 그는 타인과의 관계에 대해 “만일 타인과의 관계가 뒤틀리고 빗나가면 그때 타인은 지옥이 될 수밖에는 없다는 것이다. 요컨대 타인은 우리 자신을 스스로 알기 위해서 우리에게 가장 중요한 것이다.”[3]라고 설명한다. 이 말은 곧 타인이 적대자가 되는 동시에 정화적 반성의 계기가 된다는 두 가지 측면을 지적하고 있는 것이다.

이처럼 우리는 타인과의 관계 속에서 갈등하며 살아간다. 그곳에서 자신의 존재에 대한 정당성을 인정받으려고 노력하며 살아가고 있는 것이다. 이러한 인간관계에서 적대자와의 갈등이 있는가 하면 정화적 반성의 계기가 되고 상처받은 영혼을 치유할 수 있는「만나면 편한 사람」과 관계를 맺으며 그 사람들과 대화를 통해 상처를 스스로 치유하며 살아간다. 이런 사람을 만나면「미소」가 번지게 된다. 사람끼리 서로 만나고 헤어짐을 통해「비 오는 밤」의「깊은 정」에 고뇌하기도 하고,「어떤 인연」으로 연기설에 대한「옛 향기」에 젖어보기도 하는 것이다. 이러한 자신의 존재에 대한 정당성을 진술하기 위한 몸부림으로 창작의 고통을 수반하는「산고」를 치르기도 하며,「잠 못 이룬 밤」을 지새우기도 한다.

---

3) 김화영,『사르트르』, 고려대학교 출판부, 1990. pp.27~28.

"회자정리(會者定離) 거자필반(去者必返)" 즉 "만난 사람은 반드시 헤어지고, 떠난 사람은 반드시 돌아온다"라는 말이 있다. 우리의 삶은 「만남」과 헤어짐을 되풀이하며 살아간다. 그 과정에서 자신을 좋은 사람으로 인정받기를 원한다. 그러나 이러한 존재의 정당성에 대한 평가는 자신이 하는 것이 아니라 타자가 평가하게 되는 것이다. 그러므로 자신이 타자에게 얼마나 사랑을 베풀었느냐에 따라 결정된다. 우리의 존재는 「민들레」의 씨앗을 퍼뜨리듯이 짧은 순간을 이 세상에 존재하다가 자손을 퍼뜨리고 사라지는 유한한 생명체이다. 이 지구상에 존재하는 만나는 사람과 「정」을 주고받으며 존재하며, 「별과 나」처럼 영원불멸의 존재인 별을 보고 찰나에 존재하는 자신의 존재를 인식하게 될 때 불안과 고독감을 느끼게 되는 것이다.

그러면서 동시대 함께 살아가고 있는 친구들과의 모임인 「돼지들의 모임 3주년에」 「해넘이」 하는 자신들의 모습을 발견하게 되고, 「매화꽃 필 때」의 젊은 날에 대한 아름다운 추억을 떠올리며 행복감에 젖어보기도 하고, 반겨줄 리 없는 아무도 없는 「고향 가는 길」을 선택한다. 그것은 지나간 과거의 자신이 존재하는 공간에 대한 회귀이다. 이러한 자신의 존재의 정당성을 찾아 나서는 행위를 통하여 불안과 「고독」에서 벗어나고자 하는 것이다.

> 불러도 불러 봐도 대답이 없는 세월
> 뉘라서 불러올 건가

언제 올까 손꼽아도 소용없고
붙잡으러 뛰어가도 소용이 없네

내가 걸으면 세월도 걷고
내가 뛰어가면 세월 또한 뛰어가네

건너지 못한 강 건너엔
보이지 않는 세월 따라서
살구꽃 피고 지기를 몇몇 해인가

돌아오지 못할 세월
강 저편에서 배 타고 즐기는구나

—「회상」 전문

고향은 옛 모습을 그리워하는 고풍성과, 회상성을 지닌 과거의 삶의 공간이다. 그래서 고향은 추억과 동심과 함께 무의식의 영역에 은닉성과 순수성으로 존재한다. 바슐라르에 의하면 고향은 물, 불, 공기, 흙이란 4원소의 물질로 존재한다고 물질적인 상상력 이론을 펼쳐왔듯이 고향은 정신세계의 풍경화인 셈이다.

그래서 전광식은 고향의 이러한 풍경성과 풍물성에 대해서 "고향은 어떤 곳이든지 간에 대개 어린 시절 뛰어놀던 들녘과 강, 산과 바다가 있으며, 또 고유의 풍물이 있는 곳이다. 그래서 그것은 인위적 문화의 저편에 있는 천연적 자연을 지니고 있으며, 그 나름의 고유성을 지니고 있다."[4]라고 말하고 있다.

---

4) 전광식, 「고향」, 문학과 지성사, 1999, pp25~26.

3. 나오며

여재학 시인은 겸손하다. 오늘날 경제적인 풍요와 인쇄술의 발달로 옛날 시집 한 권을 발간하려는 일은 집을 짓는 일처럼 어려운 일이었으나 시인이 마음만 먹으면 발간할 수 있는 시대이다. 그런데도 십 년 만에 첫 시집을 발간하는 겸손한 미덕을 보이고 있다. 첫 시집 발간을 계기로 더욱 왕성한 창작욕으로 한 단계 업그레이드 수준 높은 시집들이 발간되기를 기대하며 여재학 시인의 첫 시집 『무언(無言)의 연가(戀歌)』의 해설 요약함으로써 마무리 짓고자 한다.

여재학 시인의 첫 시집 『무언(無言)의 연가(戀歌)』에 대해 중국 시론에 입각하여 그의 작품 세계에 대해 해설을 해보았다. 그의 시세계를 요약하면 다음과 같다.

첫째, 제1부 봄기운에서는 정체공능의 도와 기의 역동적인 기운을 느낄 수 있었다.

둘째, 제2부 너의 향기에서는 그의 정신세계 내면 공간에 자리 잡은 과거 인연에 대한 체취를 노래했다.

셋째, 제3부 삶에서는 미화된 주관적인 인생관을 관념적으로 진술했다.

넷째, 제4부 편지에서는 고독한 내면 의식을 표출했다.

다섯째, 제5부 그리움에서는 자신의 존재 탄생 공간으로의 회귀의식을 노래했다.

문학세계대표작가선 899

무언(無言)의 연가(戀歌)

여재학 시집

인쇄 1판 1쇄 2019년 9월 10일
발행 1판 1쇄 2019년 9월 20일

지 은 이 : 여재학
펴 낸 이 : 김천우
펴 낸 곳 : 도서출판 천우
등 록 : 1992. 2. 15. 제1-1307호
주 소 : 서울시 성동구 무학봉28길 6 금용빌딩 2F
전 화 : 02)2298-7661
팩 스 : 02)2298-7665
http://moonhak.wla.or.kr
E-mail : chunwo@hanmail.net

값 10,000원

ISBN 978-89-7954-782-5

이 도서의 국립중앙도서관 출판예정도서목록(CIP)은 서지정보유통지원시스템 홈페이지(http://seoji.nl.go.kr)와 국가자료공동목록시스템(http://www.nl.go.kr/kolisnet)에서 이용하실 수 있습니다. (CIP제어번호: CIP2019035316)